ARTE♦TERAPIA

Sonhos para colorir

Liberte sua mente e relaxe

L&PM EDITORES

Texto de acordo com a nova ortografia

Título original: *Dream Catcher: mindfulness*
Ilustrações: Christina Rose
Colaboração: Letitia Clouden
Tradução: Alexandre Boide

CIP-Brasil. Catalogação na publicação
Sindicato Nacional dos Editores de Livros, RJ.

S951

Sonhos para colorir: Liberte sua mente e relaxe; tradução de Alexandre Boide – Porto Alegre, RS: L&PM, 2015.
104 p. ; 28 cm

ISBN 978-85-254-3254-4

1. Arteterapia. 2. Livros para colorir. I. Boide, Alexandre. II. Título.

15-22219 CDD 615.85156

Rua Comendador Coruja, 314, loja 9 – Floresta – 90220-180
Porto Alegre – RS – Brasil / Fone: 51.3225.5777 – Fax: 51.3221.5380

PEDIDOS & DEPTO. COMERCIAL: vendas@lpm.com.br
FALE CONOSCO: info@lpm.com.br
www.lpm.com.br

Impresso no Brasil
Outono de 2015

Este livro pertence a

No fim, só três coisas importam: o quanto conseguimos viver bem. O quanto amamos. O quanto aprendemos a abrir mão.

Jack Kornfield

Os sentimentos vêm e vão como nuvens em um céu fechado. A respiração consciente é minha âncora.

Thích Nhất Hạnh

A maior agressão contra nós mesmos, o maior dano que podemos infligir-nos é nos mantermos na ignorância por não termos coragem e respeito necessários para nos enxergarmos de forma sincera e benevolente.

Pema Chödrön

Esteja presente para o "agora" em sua vida. Essa é a sua força.

Doug Dillon

Se você quer superar a ansiedade da vida, viva no presente, viva cada respiração.

Amit Ray

O presente está cheio de alegria e felicidade. É só prestar atenção e você verá.

Thích Nhất Hạnh

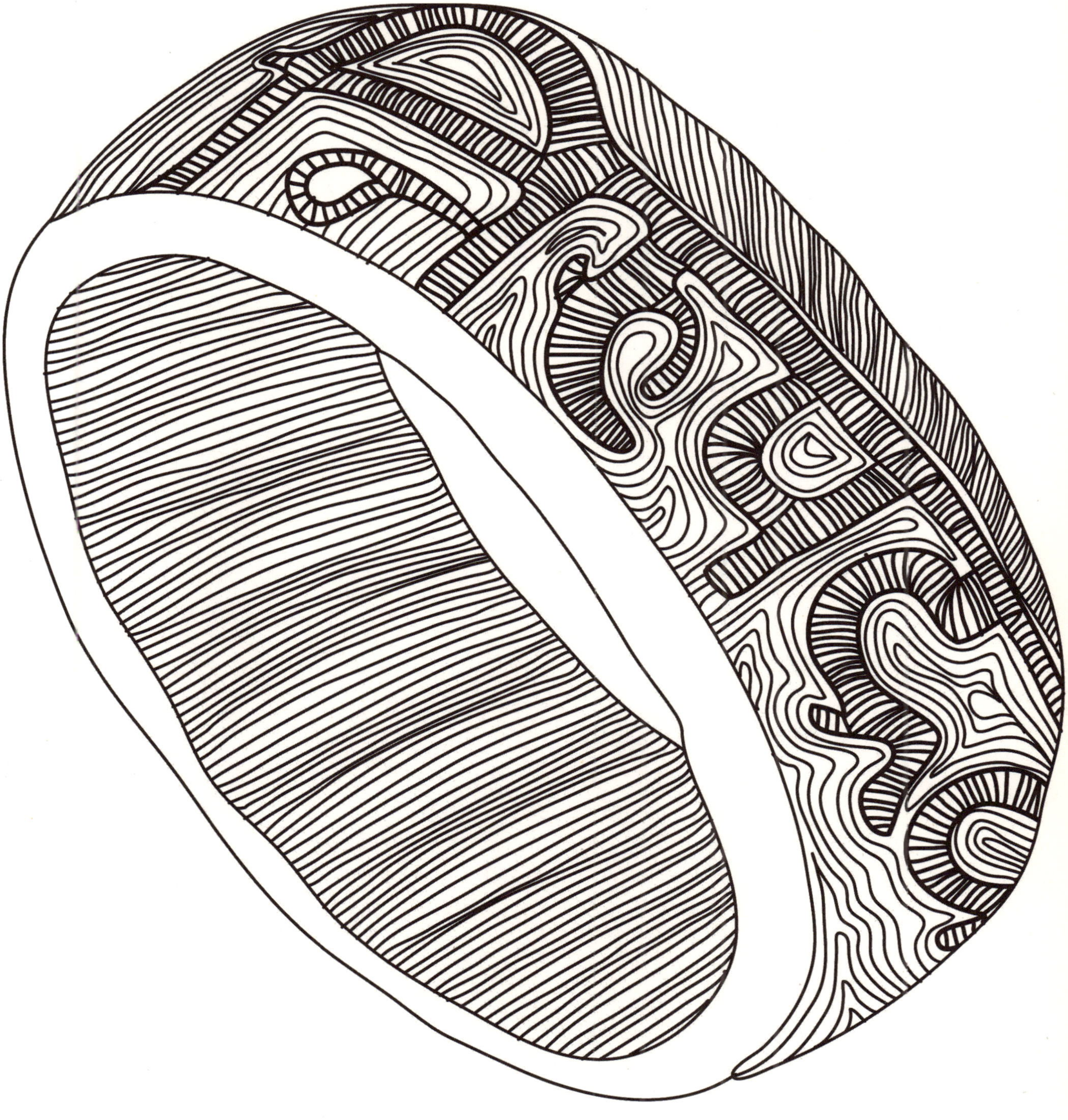

Se alguém flechar seu coração, é inútil gritar com o agressor. Melhor seria se concentrar no fato de que há uma flecha cravada no seu coração...

Pema Chödrön

Contemplar a beleza do mundo é o primeiro passo para se purificar a mente.

Amit Ray

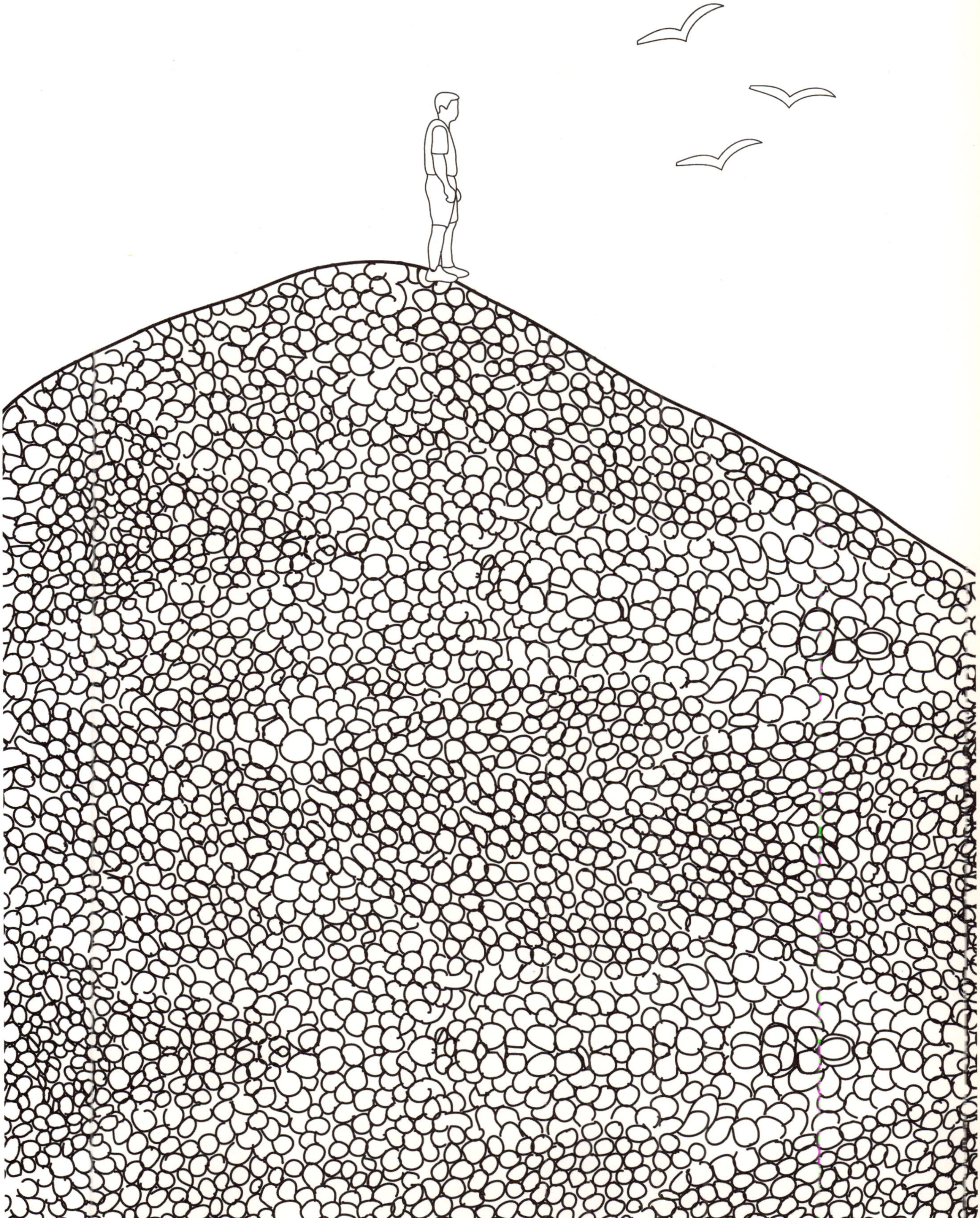

Todas as coisas são criadas duas vezes, primeiro na mente e depois no mundo real.

Robin S. Sharma

Não estrague o hoje lamentando pelo amanhã.

Catherynne M. Valente

Tome cada atitude como se fosse seu último ato em vida.

Marco Aurélio

A consciência nunca se deparou com um novo conhecimento de que não gostasse.

Daniel J. Siegel

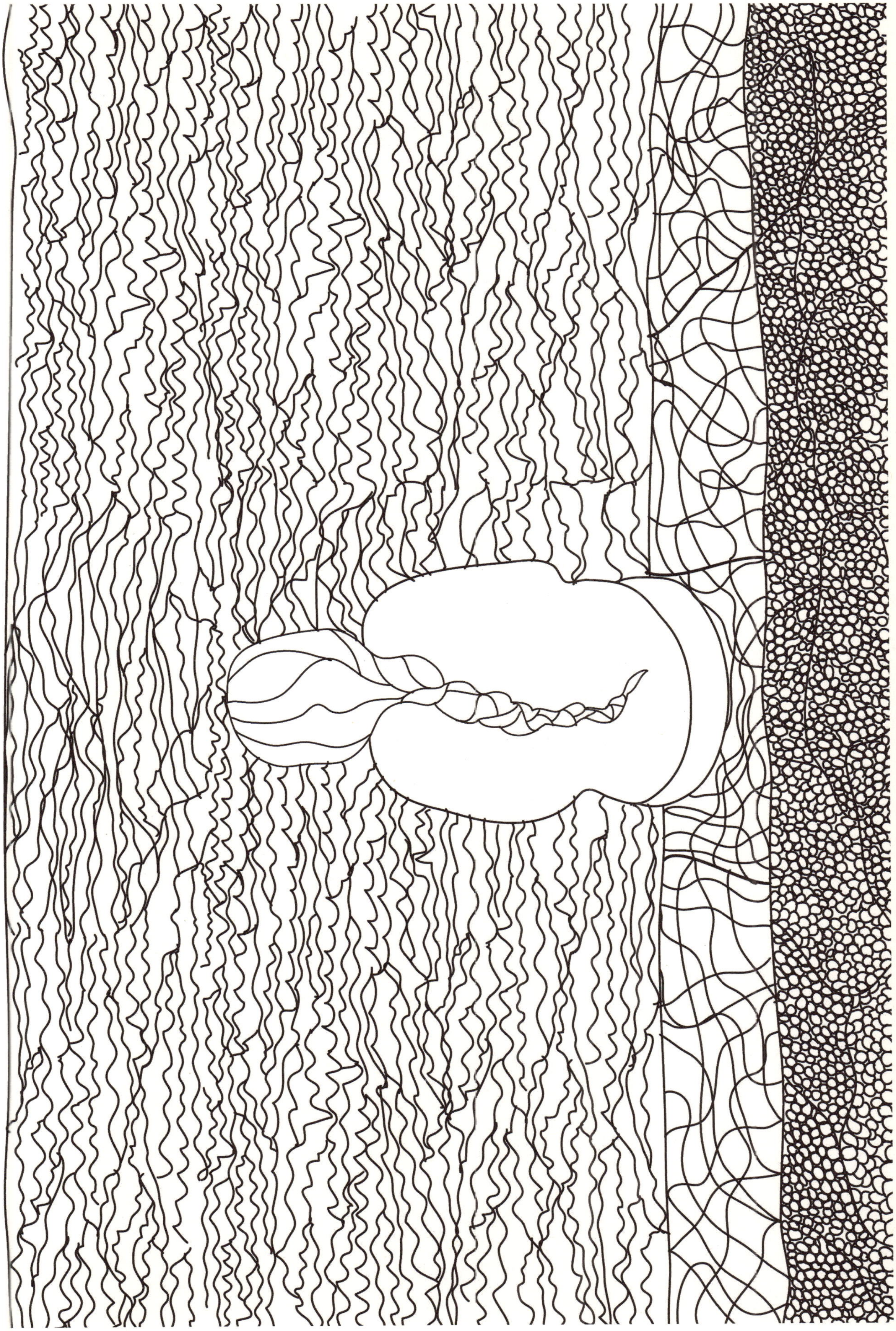

Poucos vivem no presente. Estamos sempre nos preocupando com o que virá e nos recordando do que já passou.

Louis L'Amour

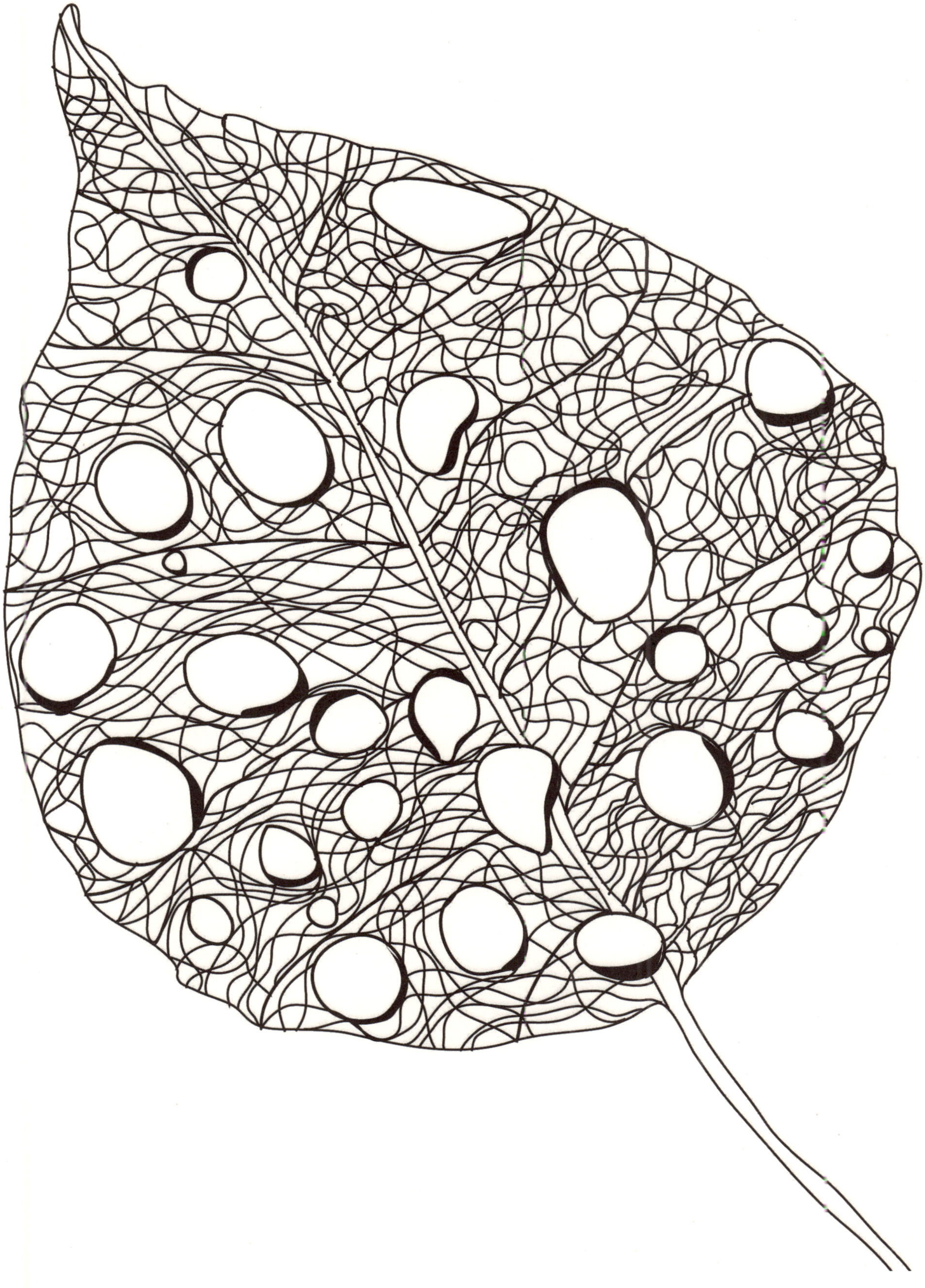

Seja feliz no presente, isso basta. Esses momentos são tudo de que precisamos, e nada mais.

Madre Teresa

Nosso dever é a consciência, a condição fundamental para a própria vida. O invisível, o ilegível e o intangível dão coesão ao tecido que compõe nosso universo visível.

Robin Craig Clark

Sou grata por todos aqueles anos difíceis, por mais que, vistos em retrospecto, pareçam uma longa e amarga prece que enfim foi atendida.

Marilynne Robinson

Perfeição de caráter é isto: viver cada dia como se fosse o último, sem frenesi, sem apatia, sem fingimento.

Marco Aurélio

No presente, existe tempo de sobra. No presente, você está exatamente como deveria. No presente, existem infinitas possibilidades.

Victoria Moran

Existe um milhão de motivos para viver a vida, e cada um deles já é suficiente.

Marilynne Robinson

A observação da passagem de um momento para o outro limpa as camadas acumuladas sobre a mente, uma após a outra.

Amit Ray

Renove sua atenção, ou eleve drasticamente seu nível, diminuindo o ritmo do que quer que esteja fazendo.

Sharon Salzberg

A respiração é o maior dos presentes da natureza. Agradeça por desfrutar desse presente maravilhoso.

Amit Ray

Não preciso que ninguém me distraia de mim mesma, como sempre imaginei precisar.

Charlotte Eriksson

Não acredite em tudo o que você pensa. Pensamentos são só isto: pensamentos.

Allan Lokos

Uma pessoa se torna bem menos ansiosa quando se sente livre para se sentir ansiosa, e o mesmo vale para a culpa.

Alan W. Watts

Responda; não reaja. Escute; não fale. Reflita; não presuma.

Raji Lukkoor

O sofrimento geralmente está relacionado a querer que as coisas sejam diferentes do que são.

Allan Lokos

Ser consciente é entender o que está acontecendo sem desejar que as coisas sejam diferentes; desfrutar do que é prazeroso sem lamentar quando tudo mudar (pois vai mudar); lidar com o que é desagradável sem temer que sempre será assim (pois não vai ser).

James Baraz

Não deixe passar um só dia sem se perguntar quem você é... a cada vez que faz isso, permite que um ingrediente novo faça parte de sua consciência.

Deepak Chopra

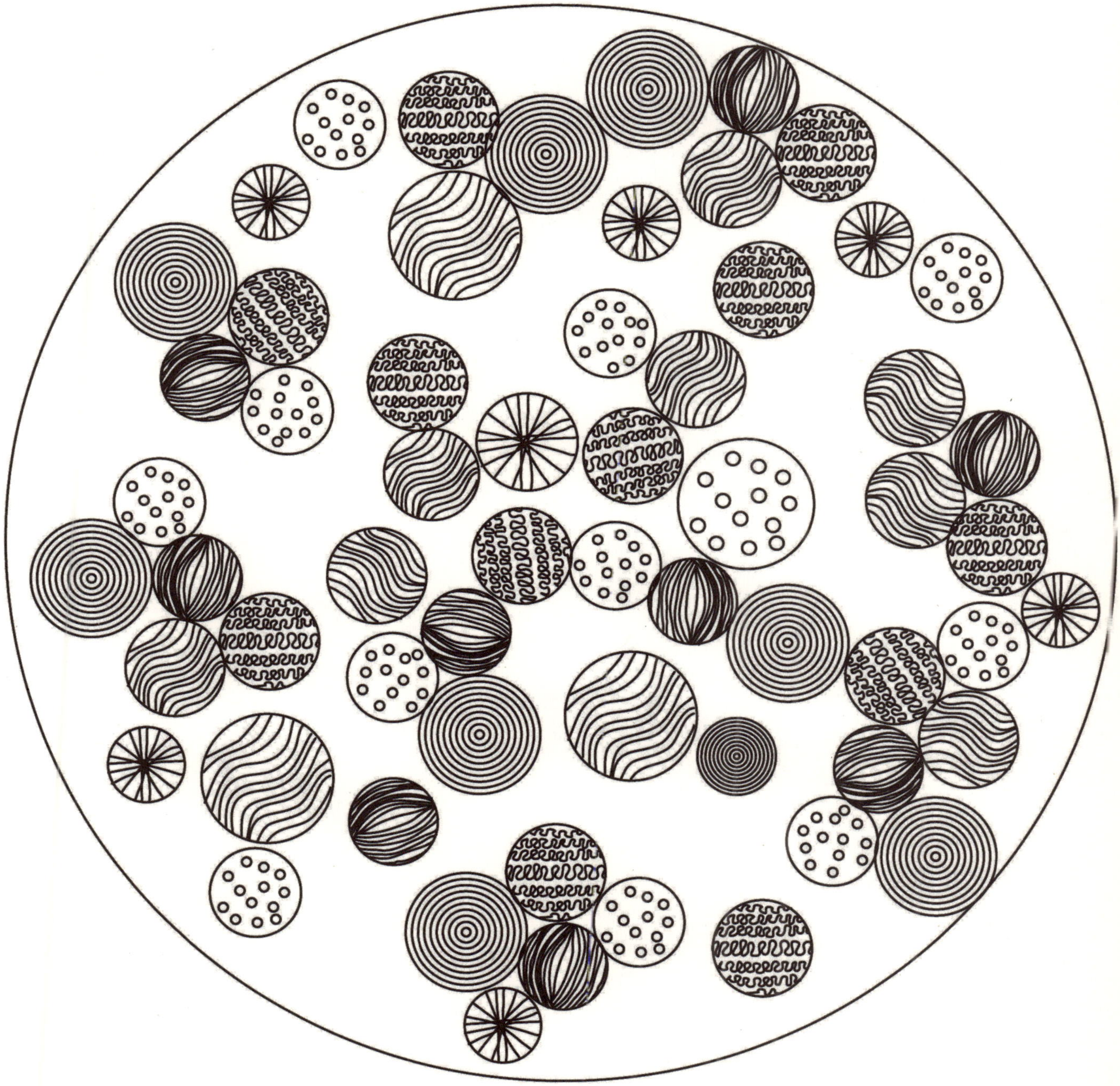

A meditação é o melhor dos dispositivos móveis; é possível usá-la em qualquer lugar, a qualquer hora, sem limitações.

Sharon Salzberg

É razoável supor que quem aprende a viver bem morrerá bem. As habilidades envolvidas são as mesmas: valorizar o presente, ter humildade, coragem e manter o bom humor.

Victoria Moran

Quando encaramos novas experiências de forma consciente e atenta, descobrimos que uma das três coisas seguintes acontecerá com nossa nova experiência: ela vai passar, ela vai continuar como está, ou ela vai se intensificar. Aconteça o que acontecer, não é isso o que realmente importa.

Jack Kornfield

Você só precisa se preocupar com uma vida e uma morte: esta aqui! Para aproveitar plenamente o dia, a hora, o momento que se apresenta, seja a vida ou a morte, seja respirando ou dando o último suspiro, é preciso apenas um momento, este momento. E com toda a consciência de que somos capazes, em qualquer estágio de nosso eterno nascimento, com toda a alegria positiva de nossa inerente luminosidade.

Stephen Levine

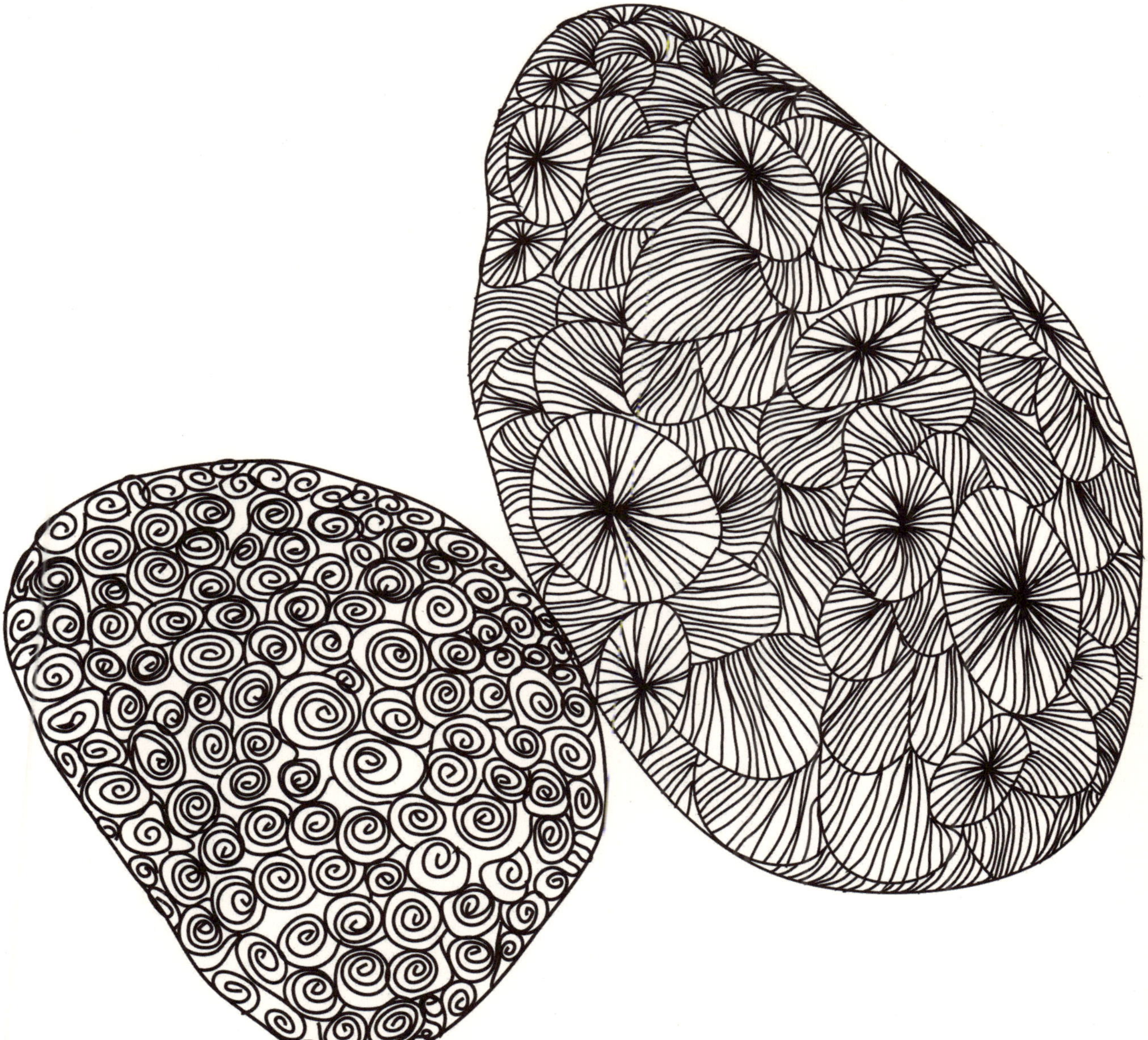

Ser plenamente consciente não é difícil, só precisamos nos lembrar de fazer isso.

Sharon Salzberg

Todo lugar é o lugar certo. O lugar onde estou agora pode ser um espaço sagrado.

Ravi Ravindra

É bom ter um objetivo em mente, mas no fim o que conta é a trajetória até ele.

Orna Ross

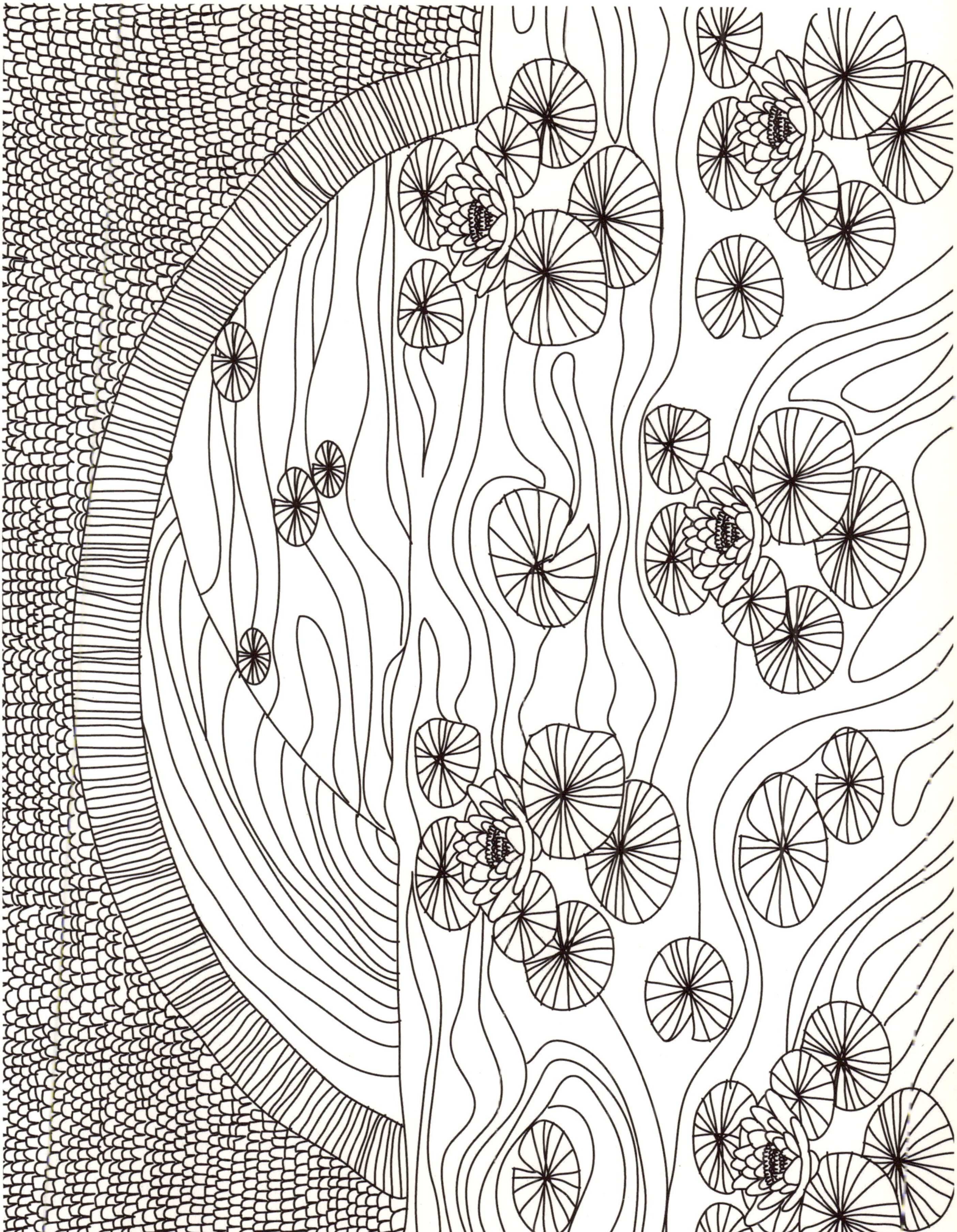

Caminhe como se estivesse beijando a Terra com os pés.

Thích Nhất Hạnh

A maioria de nós acredita que o tempo voa, no sentido de que passa rápido demais. No estado de consciência, porém, o tempo não passa. Existe apenas um único momento no tempo que se renova sem parar, com uma variedade infinita.

Deepak Chopra

Comece a viver aqui mesmo, no presente. Quando paramos de nos apegar ao passado ou de nos preocupar com o futuro, nos abrimos para fontes de informações riquíssimas que estávamos perdendo.

Mark Williams

Você não pode controlar os resultados, apenas suas próprias ações.

Allan Lokos

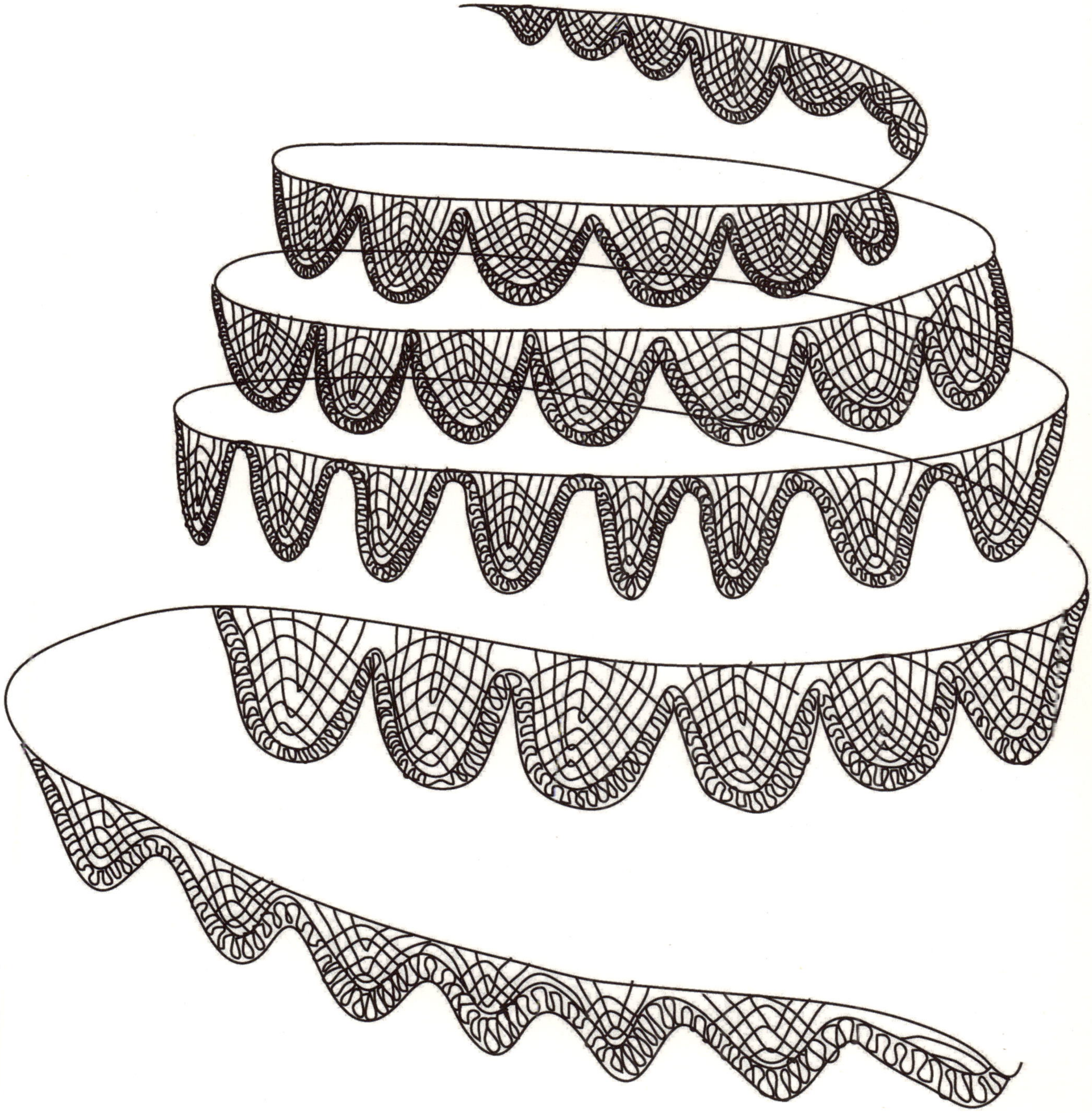

Uma mente presa a seus próprios parâmetros é um desperdício. Não faça isso.

Eric Schmidt

Quando você atinge um estado meditativo e tranquilo, é quando consegue começar a ouvir o som do silêncio.

Stephen Richards

Sinta-se uma pessoa bela e segura de si. Aquilo com que você se cerca deve lhe trazer equilíbrio e paz de espírito.

Stacy London

Como uma criança de olhos fechados em um lindo jardim, não é preciso imaginar as árvores, as flores, os animais, os pássaros e o céu; basta abrir os olhos para o que já está aqui, para quem já somos.

Bo Lozoff

Se quiser eliminar uma nuvem de sua vida, não faça disso uma tempestade, simplesmente relaxe e afaste-a de seus pensamentos. É simples assim.

Richard Bach

Pare, respire, olhe ao redor e abrace o milagre de cada dia, o milagre da vida.

Jeffrey A. White

Nós também deveríamos nos esvaziar, para que a grande alma do universo possa nos preencher com seu sopro.

Laurence Binyon

Um pássaro gritou de júbilo. Nesse momento, a vida deles se ampliou. Todos os pequenos movimentos cessaram e apenas os grandes foram notados. Sob seus pés a terra girou, cantando.

Sheri S. Tepper

Isso é o que significa ser plenamente consciente. Observar os pensamentos à medida que aparecem, sem fazer julgamentos, aceitando o que surge a cada momento.

Chris Matakas